9 JOURS POUR

GOÛTER LE SILENCE

9 JOURS POUR...

Collection créée par Timothée Berthon

La collection « 9 jours pour » propose une retraite à vivre chez soi ou en vacances, dans le métro ou le train... pour tous ceux qui ont peu de temps, mais qui décident d'y consacrer dix minutes par jour.

9 jours de méditations inspirantes sur un thème précis pour avancer dans la vie spirituelle. À la fois une école de prière et un vrai outil de transformation de soi.

Le parcours comprend chaque jour un exercice de recueillement, un temps de méditation, une grâce à demander, la Parole de Dieu, un exercice pratique... pour nous aider à plonger dans une authentique expérience spirituelle.

Ces parcours sont proposés sous la forme de livret, parfois de livre audio (Béatitudes Productions) et dans l'application mobile (youPRAY), avec une méditation guidée et une musique qui nous plonge dans le recueillement pour vivre un véritable temps de retraite là où nous sommes.

Sœur Marie-Pia Zurbach

9 JOURS POUR

Goûter le silence

EdB

Imprimi potest
P. Johannes-Maria Poblotzki
Président de la Communauté des Béatitudes,
4 octobre 2024, en la fête de saint François d'Assise.

Les citations bibliques proviennent de la Bible de Jérusalem,
à l'exception des psaumes qui sont extraits de la traduction liturgique AELF.

ISBN : 979-10-306-0612-6
ISSN : 2557-5813

Conception de la couverture : Philippe Guitton – LectioStudio

« L'ami du silence s'approche de Dieu ;
en s'entretenant avec lui dans le secret,
il reçoit sa lumière [1]. »

1. Saint Jean Climaque, *L'Échelle sainte*, 11e degré, n° 5, Abbaye de Bellefontaine, Bégrolles-en-Mauges, 1987, p. 143.

INTRODUCTION

Le silence attire et il repousse.
Il semble être un lieu de repos, puis il devient celui du combat intérieur que l'on fuit !

Comment entrer dans le silence ?
Aujourd'hui, en raison de notre culture, nous sommes fortement tirés vers l'extérieur, vers la surface de nous-mêmes.
Le silence, lui, est directement lié à notre intériorité. Prendre conscience de celle-ci, et apprendre à la nourrir, est un chemin vers le silence.

Si le cœur est vide, rempli de préoccupations ou de ruminations amères, le silence sera lourd, difficile à vivre...
Si, au contraire, le cœur se laisse habiter par la méditation de la Parole de Dieu, la prière, l'habitude de vivre en présence de Dieu, nous apprendrons peu à peu à durer dans un silence plein de cette présence. Nous y trouverons un

lieu de repos qui refera nos forces... Même si cela ne se vit pas sans combats, l'effort en vaut la peine !

Ce petit parcours voudrait donner des indications pour « goûter le silence », et en comprendre la nécessité dans toute notre vie.
Il souhaite proposer quelques moyens concrets pour cheminer vers le silence intérieur, celui où nous rencontrons Dieu et où nous nous mettons à l'écoute de sa voix et de ses inspirations.

1ER JOUR

Beauté et nécessité du silence

Entrée en présence de Dieu

Signe de croix

Au nom du Père, et du Fils, et du Saint-Esprit. Amen.

Invitation au recueillement

Merci, Seigneur, de m'inviter à ce rendez-vous quotidien avec toi, pendant neuf jours. Je me rends dans un lieu silencieux de ma maison, ma chambre ou une pièce retirée. Je m'assieds, ferme les yeux un instant et respire calmement avant de lire. Me voici pour écouter ta voix et accueillir ta présence à travers ces lignes.

Invocation à l'Esprit Saint

« Viens, Esprit Créateur, nous visiter,
Viens éclairer l'âme de tes fils,

Emplis nos cœurs de grâce et de lumière,
Toi qui créas toutes choses avec amour[2]. »

Méditation du jour

Le silence serait-il réservé aux monastères contemplatifs et à quelques personnes retirées du monde ? Bien sûr que non ! À travers ces quelques pages, nous allons réaliser – ou redécouvrir –, quelle que soit notre situation, qu'une part de ce silence est possible pour nous. De nombreux saints, dans des situations très diverses, en ont fait l'éloge. Découvrons quelques aspects de sa nécessité et de sa beauté. Cherchons à y entrer, à le goûter et à l'aimer !

Le silence est tout d'abord une condition pour écouter : écouter les autres, écouter la voix de Dieu dans sa Parole, écouter les inspirations de l'Esprit en nous : cela demande que nous fassions taire notre propre voix pour laisser à

2. Extrait de l'hymne *Veni Creator Spiritus*.

l'autre – ou à l'Autre – la possibilité de s'exprimer. « *Écoute, Israël* », dit Dieu à son peuple (Dt 6, 4).

Le silence de notre parole préludera au silence de notre cœur. Celui-ci n'est pas facile, mais une éducation est possible si nous le voulons. Il est ensuite une condition pour mieux nous connaître et nous convertir : dans le silence, avant de nous retrouver face à Dieu, nous nous retrouvons face à nous-mêmes. La conversation intérieure continuelle qui nous habite, les jugements, l'agressivité, tout cela vient à la surface. Cela « parle » en nous, de façon incessante, si nous n'y prenons pas garde !

Nos pensées, nos paroles et nos actes qui ne sont pas conformes à l'Évangile prennent dans le silence un relief habituellement caché derrière le feu de nos activités. Ce qui habite le cœur vient à la lumière, peut alors être remis au Seigneur et nous relance dans notre conversion. « Il nous faut le silence pour faire la volonté de Dieu, dit la vénérable Madeleine Delbrêl. Il me

paraît impossible d'envisager une vie évangélique sans vouloir et sans savoir qu'elle doit être une vie de silence[3]. »
Le silence des lèvres nous permettra de retenir la réplique trop rapide, le jugement porté à la hâte, le désir de se mettre en avant, et de les briser sur le roc qu'est le Christ.
Demander à Jésus de faire le tri en nous avant de nous prononcer : c'est certainement un effort, qui peut expliquer que nous préférions si facilement parler !
Le silence est encore un lieu pour nous réunifier : là, nous avons accès à notre intériorité, ce lieu du cœur où Dieu demeure, et à partir duquel il peut renouveler tout notre être. Là, nous pouvons reprendre souffle et revenir à notre unité intérieure. L'oraison, l'adoration, la prière du cœur, tous ces moyens par lesquels nous restons reliés à Dieu, ont besoin du silence.

---

3. Madeleine Delbrêl, *Notre vie*, dans *Œuvres Complètes*, tome XV, Nouvelle Cité, 2017, p. 80.

Les saints les plus actifs sont conscients de cette nécessité dans la vie la plus donnée au service du prochain. Mère Teresa, qui a déployé une magnifique activité, dans le contexte bruyant de grandes villes, nous confie : « Seulement dans le silence, nous trouverons une nouvelle puissance, l'authentique unité. La puissance de Dieu deviendra la nôtre, afin d'accomplir comme il se doit toutes choses[4]. »

Grâce à demander

Seigneur, fais-moi réaliser la nécessité d'une part de silence dans ma vie, pour accueillir ta Parole et me convertir plus profondément. Montre-moi quand et comment lui faire concrètement une place dans ma journée !

4. Mère Teresa de Calcutta, *Il n'y a pas de plus grand amour*, J.-C. Lattès, Novato, California, 1997, p. 22.

Éclairage d'un grand témoin

« Faire silence, c'est écouter Dieu ; c'est supprimer tout ce qui nous empêche d'écouter ou d'entendre Dieu.
Faire silence, c'est écouter Dieu partout où Il parle, depuis ceux en qui Il parle dans l'Église, jusqu'à ceux auxquels le Christ s'est identifié d'une autre manière, et qui nous demandent, ou la lumière, ou notre cœur, ou du pain.
C'est écouter Dieu partout où Il exprime sa volonté, dans la prière et ailleurs que dans la prière proprement dite[5]. » (Madeleine Delbrêl)

Parole à méditer

« *Et voici que le Seigneur passa. Il y eut un grand ouragan,* [...] *mais le Seigneur n'était pas dans l'ouragan ; et après l'ouragan, un tremblement de terre, mais le Seigneur n'était pas dans le*

---

5. Madeleine Delbrêl, *Notre vie*, dans *Œuvres Complètes*, tome XV, Nouvelle Cité, 2017, p. 79.

tremblement de terre ; et après le tremblement de terre, un feu, mais le Seigneur n'était pas dans le feu ; et après le feu, le bruit d'une brise légère. Dès qu'Élie l'entendit, il se voila le visage avec son manteau, il sortit et se tint à l'entrée de la grotte. Alors une voix lui parvint, qui dit : "Que fais-tu ici, Élie ?". » (1 R19, 11-13)

Prière finale

Vierge Marie, je te confie ces neuf jours. Toi qui as vécu dans la discrétion une grande partie de ta vie, toi qui as médité dans le silence les évènements de la vie de Jésus, toi qui conduis sans cesse les croyants vers ton Fils, guide-moi aussi vers lui, sur le chemin de l'intériorité, et du silencieux amour !

Réjouis-toi, Marie...

Bénédiction

Que le Seigneur nous bénisse, qu'il nous garde de tout mal et nous conduise à la vie éternelle, par Jésus le Christ, notre Seigneur. Amen.

2^E JOUR

Entrer dans le silence extérieur et intérieur

Entrée en présence de Dieu

Signe de croix

Au nom du Père, et du Fils, et du Saint-Esprit. Amen.

Invitation au recueillement

Je me rends au lieu choisi pour lire et prier pendant ces neuf jours. Mon téléphone portable reste à l'extérieur, pour ces quelques minutes. Merci pour ce temps qui est pour toi, Jésus ! Je m'assieds à tes pieds, y déposant tout souci et toute agitation. Après un petit moment, j'ouvre lentement les mains, en un geste qui accueille ta présence.

Invocation à l'Esprit Saint

« Roi Céleste, Consolateur, Esprit de vérité, partout présent et remplissant tout,
Trésor de tout bien et Maître de Vie, viens, demeure en nous !
Purifie-nous de tout péché, et dans ta bonté, sauve nos âmes[6]. »

Méditation du jour

Pour entrer dans le silence, commençons déjà, tout simplement, par nous taire !
« *Il y a un temps pour se taire et un temps pour parler* », dit le sage Ecclésiaste (Qo 3, 7). Remarquons que le temps du silence précède celui de la parole dans ce proverbe.
Toutes les paroles que nous prononçons ne sont pas forcément nécessaires au bon déroulement de notre journée, ni à la charité vis-à-vis de nos proches. Contenons cette capacité que nous avons parfois à nous extérioriser sans arrêt !

---

6. Liturgie byzantine.

Soyons aussi attentifs à l'envahissement des moyens de communication dans notre journée : téléphone portable, mails et SMS, ordinateur... et toutes les distractions qui nous sont accessibles par ces moyens.
Autant que possible, préservons des plages où ils n'interfèrent pas. Réservons-leur un temps, et préservons-en un pour le silence. Que chacun ait sa vraie place dans notre journée, et voilà déjà un grand pas de fait !
Mais nous cherchons surtout le silence intérieur, où nous faisons taire nos pensées pour être attentifs à la présence de Dieu en nous et à ses inspirations. *« Pour toi, quand tu pries, entre dans ta chambre, ferme sur toi la porte et prie ton Père qui est là dans le secret »*, a dit Jésus (Mt 6, 6).
Très vite, nous constatons qu'un cadre extérieur de silence ne suffit pas à nous conduire vers le silence intérieur auquel nous aspirons. Ce serait même plutôt l'inverse ! Toutes les pensées, les soucis, les préoccupations qui nous habitaient jusque-là en sourdine remontent à la surface et

envahissent immédiatement cette petite parcelle de silence attendu. Nous restons sous la pression intérieure du travail, du rythme auquel il nous soumet, de la multiplicité des communications et des questions à régler.

Comment ne pas déserter rapidement ce champ de bataille intérieur où nous nous retrouvons propulsés, parfois ? Comment aller vers le silence du cœur ?

Rappelons-nous d'abord que nous cherchons la relation à Dieu, et non un silence vide, qui serait une simple « tranquillité ». Et Dieu est déjà là, dans notre cœur, quelle que soit l'agitation de surface.

La contemplation paisible d'une icône, par exemple *La Vierge de tendresse*, rassemble notre attention et nous permet de décrocher de ce flot intérieur qui tourne en nous.

Ou l'écriture d'une icône, pour ceux qui ont cette grâce.

Ou la contemplation de la Sainte-Face de Jésus : notre bruit intérieur cède peu à peu devant son recueillement, ses yeux baissés, sa paix.

Ou la récitation calme du chapelet : contempler les mystères de Jésus avec Marie, alors que notre bouche parcourt les « Réjouis-toi », est aussi un moyen. Ou copier lentement un passage de la Parole de Dieu, par la calligraphie ou avec notre propre écriture, en est un autre.
Le corps peut nous aider : alors que les pensées nous tiraillent de tous côtés, notre corps est là, avec sa pesanteur. Une marche lente, avant de prier, le pacifie ; quelques pas dans la nature, en regardant simplement ce qui nous entoure. En nous asseyant, fermons les yeux, prenons conscience de notre respiration, en parcourant notre corps de haut en bas. Ouvrons lentement les mains dans l'attitude de disponibilité de Marie : « *Je suis la servante du Seigneur ; qu'il me soit fait selon ta parole* » (Lc 1, 38), et entrons dans le silence et la prière tels qu'ils sont donnés à ce moment-là.

Grâce à demander

Seigneur, tu me fais la grâce de ce temps de silence avec toi. Merci ! Donne-moi la fermeté, pour le préserver de toutes les nuisances sonores qui dépendent de moi. Apprends-moi à entrer dans cette chambre intérieure du cœur et à y entendre tes inspirations.

Éclairage d'un grand témoin

« La radio joue toute l'après-midi, donc le silence me manque. Jusqu'à midi, de continuelles conversations et du bruit. Mon Dieu, je me réjouissais d'être en silence, de parler seulement avec le Seigneur et ici c'est tout le contraire. Mais maintenant rien ne me dérange, ni les conversations, ni la radio. En un mot, rien. La grâce de Dieu a fait que, quand je prie, je ne sais même pas où je suis, je sais seulement que mon âme est unie au Seigneur et ainsi se passent mes journées à l'hôpital[7]. » (Sainte Faustine)

---

7. Sainte Faustine Kowalska, *Petit Journal*, n° 837, Éditions du Dialogue, Paris, 1997, p. 306-307.

Parole à méditer

« Jésus entra dans un village, et une femme, nommée Marthe, le reçut dans sa maison. Celle-ci avait une sœur, appelée Marie, qui, s'étant assise aux pieds du Seigneur, écoutait sa parole. Marthe, elle, était absorbée par les multiples soins du service. Intervenant, elle dit : "Seigneur, cela ne te fait rien que ma sœur me laisse servir toute seule ? Dis-lui donc de m'aider." Mais le Seigneur lui répondit : "Marthe, Marthe, tu te soucies et t'agites pour bien des choses. Pourtant, il en faut peu, une seule même. C'est Marie qui a choisi la meilleure part ; elle ne lui sera pas enlevée". »
(Lc 10, 38-42)

Prière finale

Vierge Marie, je te remets mon désir du silence et mes incapacités à y durer. Je t'abandonne mes paroles vaines, ma dispersion, mon activisme... Daigne me prendre sous ton manteau et me partager ton propre silence, attentif à la présence du Père, à la personne de Jésus, aux motions de l'Esprit.

Réjouis-toi, Marie...

Bénédiction

Que le Dieu de l'espérance nous remplisse de toute joie et de toute paix dans la foi. Amen.

3E JOUR

Accueillir le silence déjà présent

🙏 Entrée en présence de Dieu

Signe de croix

Au nom du Père, et du Fils, et du Saint-Esprit. Amen.

Invitation au recueillement

Tôt le matin, j'ouvre une fenêtre, je respire calmement et j'écoute ce qui se présente à moi. J'accueille le silence déjà présent dans la nature, avant l'activité des hommes. La création m'invite, sans paroles, à me tourner vers son Créateur.

Invocation à l'Esprit Saint

« Viens à nous, très sage Artisan du monde.
Viens, indicible Diversité et Beauté éternelle.

Viens faire de nous une nouvelle création dans le Christ[8]. »

Méditation du jour

Des temps et des lieux favorisent notre recherche du silence.

Beaucoup de saints et de poètes ont été sensibles au silence de *la nuit*, lieu privilégié de la prière. Une grande pause entre l'activité d'hier et celle d'aujourd'hui, que le Créateur a prévue pour nous dans sa Sagesse ! Sachons couper parfois tout ce qui pourrait la remplir, elle aussi, de bruits. Contemplons l'immensité paisible du ciel qui nous porte au recueillement et à l'adoration du Créateur. Sans un mot, la nuit nous remet à notre juste place de créature. Abandonnons pour quelques instants les inquiétudes et les projets du jour, et laissons-nous gagner par cette paix de la nuit.

8. Hymne de la liturgie byzantine.

Le matin a toujours été dans les monastères un moment privilégié pour la prière.
Alors que le jour à venir s'ouvre comme une page blanche devant nous, le matin offre un temps de silence où l'âme peut respirer et se refaire en Dieu, avant de se donner au travail. C'est le moment favorable pour un temps d'oraison, de cœur-à-cœur avec le Seigneur, d'écoute silencieuse de sa Parole.
La nature peut nous effrayer par un fracas assourdissant, par le tonnerre et les tremblements de terre, mais elle nous offre aussi de grandes plages de silence, et une humble école pour y entrer.
L'herbe pousse sans bruit. Jardins et vergers nous enseignent la silencieuse croissance des choses. Entre le gland et la stature imposante du chêne, il n'y a rien que l'oreille humaine puisse saisir. La beauté et l'harmonie de la Création chantent la gloire de Dieu, mais c'est une hymne de silence. Celui qui s'arrête, écoute et contemple, percevra les harmoniques de ce chant.

« C'est le silence du monde qui est réel. [...] Que la maison soit vide ou pleine d'enfants, que les hommes partent à la ville ou aux champs sur des tracteurs, l'amandier fleurit en silence[9] ! » écrit Thomas Merton.

Un « bain de nature » nous sera bénéfique : marcher lentement dans la campagne ou la montagne, regarder simplement ce qui est là, écouter ce qui vit dans ce silence (les insectes, les oiseaux, une petite brise...), sont des moyens de se laisser pacifier.

La beauté de la création nous apaise, nous console et peut nous conduire au silence du cœur.

Des constructions humaines veulent aussi nous y mener : depuis la majestueuse cathédrale gothique jusqu'à la sainte simplicité des églises romanes, en passant par notre église paroissiale, *les églises* ouvertes restent des oasis de silence.

---

9. Thomas MERTON, *Nul n'est une île*, 211-212, cité dans : P. Daniel-Ange, *Les feux du désert*, tome 2, *Silences*, Rémy Magermans, Andenne, 1973, p. 125.

Jésus y demeure silencieusement caché au Tabernacle et il nous y attend.
Le recueillement est facilité par l'harmonie du lieu et la lumière passant par les vitraux.
Dans les monastères, ce sont parfois des siècles de priants qui ont comme imprégné les murs de leur silence. Profitons-en pendant les temps de vacances : entrons, respirons ce silence, laissons-le nous pénétrer et laissons-nous accueillir par le Seigneur.
Si je le veux, *ma chambre* elle-même ou un lieu retiré de ma maison pourront me conduire au silence. Je peux y aménager un lieu de prière, avec une croix, une image qui me parle, une Bible ouverte. Elle ne sera pas forcément extérieurement toujours dans le silence. Mais il dépend de moi que là, le Seigneur soit premier, que tout s'ordonne autour de lui et m'aide à me réunifier en lui. Lorsque j'y reviens, le silence qui y a déjà été vécu m'attirera vers celui qui est ma part aujourd'hui.

Grâce à demander

Seigneur, merci pour les temps et les lieux où un silence extérieur m'est déjà offert. Ouvre mes yeux, pour que je les voie et que j'y trouve une occasion pour te rencontrer. Pacifie mon cœur par la beauté de ta création qui, silencieusement, chante ta gloire.

Éclairage d'un grand témoin

« Les soirées sont si calmes, les nuits si sereines, ce grand ciel et ces vastes horizons éclairés à demi par les astres, sont si paisibles et chantent silencieusement d'une manière si pénétrante l'Éternel, l'Infini, l'au-delà, qu'on passerait des nuits entières dans cette contemplation ; pourtant, j'abrège ces contemplations et je retourne après peu d'instants devant le Tabernacle, car il y a plus dans l'humble Tabernacle[10]. » (Saint Charles de Foucauld)

10. Lettre du 12 septembre 1902, extraite de : Frère Charles de Jésus, *Œuvres spirituelles*, Seuil, Paris, 1958, p. 709.

PAROLE À MÉDITER

« *Le matin, bien avant le jour, Jésus se leva, sortit et s'en alla dans un lieu désert, et là il priait.* » (Mc 1, 35)
« *Or, la nouvelle se répandait de plus en plus à son sujet, et des foules nombreuses s'assemblaient pour l'entendre et se faire guérir de leurs maladies. Mais lui se tenait retiré dans les déserts et priait.* » (Lc 5, 15-16)
« *Or il advint, en ces jours-là, qu'il s'en alla dans la montagne pour prier, et il passait toute la nuit à prier Dieu. Lorsqu'il fit jour, il appela ses disciples et en choisit douze qu'il nomma apôtres.* » (Lc 6, 12-13)

Prière finale

Vierge Marie, quand tu allais visiter ta cousine Élisabeth, tu avais sous les yeux, pendant ton voyage, la belle création de Dieu. Dans ton cœur silencieux, tout attentif à la présence de Jésus en toi, montait la louange du Magnificat.

Merci de me conduire, dans le silence, de la création à l'adoration du Créateur.

Réjouis-toi, Marie...

Bénédiction

Que le Seigneur nous bénisse et nous garde dans sa paix, lui qui est Père, Fils et Saint-Esprit. Amen.

4e JOUR

De la Parole de Dieu au silence

Entrée en présence de Dieu

Signe de croix

Au nom du Père, et du Fils, et du Saint-Esprit. Amen.

Invitation au recueillement

Comme tes disciples, je m'assieds à tes pieds, Jésus, pour me mettre à ton écoute. Tu es le Maître qui m'instruit par ta Parole, par ton Église, par tes inspirations dans le secret. J'ai faim et soif de ton enseignement. Je dépose tout souci du monde, et ferme les yeux un instant. Avec toute mon attention, je me dispose à accueillir ce que tu veux me dire.

Invocation à l'Esprit Saint

Esprit Saint, toi qui as inspiré les Saintes Écritures, toi qui parles au cœur de tes enfants et leur dévoiles les secrets du ciel, conduis-moi de la méditation de la Parole vers un silence tout plein de Celui qui me parle.

MÉDITATION DU JOUR

Si le mot « silence » est relativement peu présent dans la Bible, l'invitation à écouter y est, par contre, très fréquente.

Écouter la Parole de Dieu par la lecture attentive, la méditer, prier, contempler : ce sont les quatre barreaux de l'*Échelle des Moines* de Guigues le Chartreux, que redécouvrent aujourd'hui les amoureux de la *Lectio Divina*. Les trois premières étapes (lecture, méditation, prière), vécues lentement et attentivement, peuvent nous conduire à la quatrième : le silence de la contemplation, où ne compte plus que la présence de l'Aimé.

« Pour apprendre à garder le silence et le nourrir de la Présence de Dieu, nous devrions pratiquer la *Lectio Divina*, qui est un moment d'écoute silencieuse, de contemplation et de profond recueillement à la lumière de l'Esprit[11] », dit le cardinal Sarah.
L'*Échelle* de Guigues, parcourue jour après jour, est donc aussi une école, un apprentissage à entrer dans le silence et à le goûter. Regardons-la de plus près[12].
Bien assis, de manière à pouvoir durer, invoquons l'Esprit Saint pour qu'il ouvre notre cœur à la Parole offerte. Ce sera un passage court (dix ou quinze versets, de préférence extraits des textes de la Messe du jour).
Lisons-le lentement, avec toute notre attention, au moins trois fois. Le prononcer à voix basse

11. Cardinal Robert SARAH, *La force du silence*, Fayard, 2016, p. 366-367.
12. On trouvera des explications plus détaillées dans : Sr Marie-Pia ZURBACH, *Parole de Dieu, Parole de vie*, EdB, Nouan-le-Fuzelier, 2023.

nous aidera à être davantage présents dans l'instant, et à être moins emportés par les distractions. Puis laissons-nous attirer par un verset qui nous parle particulièrement.
Vient ensuite l'étape de la méditation. Commençons par la méditation-rumination du verset qui nous a attirés. Nous allons répéter lentement, attentivement, en les prononçant à voix basse, des fragments courts de ce passage, que nous pouvons mémoriser immédiatement. Puis nous les enchaînons deux par deux. Lorsque nous avons fait descendre tout ce passage dans la mémoire, nous le répétons encore intérieurement, attentivement, plusieurs fois. Parfois, cela suffit pour que le cœur s'embrase, qu'il soit conduit à la prière ou au silence de la contemplation. Suivons alors ce mouvement de l'Esprit, et laissons toute réflexion.
Dans notre méditation, nous pouvons aussi nous interroger sur ce que Dieu veut nous dire de lui-même à travers ce passage. Nous cherchons le visage de Jésus, annoncé, prophétisé dans

l'Ancien Testament, présent dans l'Évangile, explicité dans les Épîtres. Nous contemplons des aspects de sa personne dans l'Évangile, nous l'écoutons, nous le voyons agir. Ensuite, que veut-il nous faire comprendre sur nous-mêmes ?
Alors, spontanément, nous demandons au Seigneur de nous éclairer, et nous voilà déjà dans une disposition de prière. Avec ce que nous aurons compris, demandons pardon ou demandons la grâce d'agir en conformité avec cette parole, réjouissons-nous, louons, adorons... et, parfois, le silence nous saisira de lui-même. Un silence paisible, plein de la Parole accueillie. Demeurons alors dans cette grâce.
Lorsque cela ne se produit pas après l'étape de la prière, ménageons des temps de silence dans notre *Lectio*. Faisons-lui une place après la lecture, la méditation et notre propre réponse dans la prière. Dieu est là, nous lui sommes présents, et cela suffit. Entrons dans un petit temps d'adoration : il s'offre à nous à travers son

Verbe, et nous nous offrons à lui pour l'aimer et vivre comme il lui plaît.
Ensuite, si notre silence est envahi, nous pouvons revenir à une autre étape : prière, méditation d'un autre verset, lecture d'une partie ou de l'ensemble du texte. Ainsi, nous allons et venons de la Parole vers le silence, et du silence vers la Parole.

Grâce à demander

Seigneur, fais-moi comprendre l'importance d'une écoute régulière de ta Parole. Aide-moi à lui donner du temps, montre-moi comment lui faire une place dans ma journée. Apprends-moi à l'accueillir, à la méditer et à la mettre en pratique. Qu'elle nourrisse de plus en plus mon silence !

Éclairage d'un grand témoin

« Le silence, c'est quelquefois se taire, mais le silence, c'est toujours écouter ; une absence de bruit qui serait vide de notre attention à la Parole de Dieu ne serait pas du silence. [...] Quand nous parlons de nous-mêmes et par nous-mêmes, nous sortons du silence. Quand nous répétons avec nos lèvres les suggestions intimes de la Parole de Dieu, au fond de nous, nous laissons le silence intact[13]. » (Madeleine Delbrêl)

Parole à méditer

« Mon fils, si tu accueilles mes paroles,
si tu conserves à part toi mes préceptes,
rendant tes oreilles attentives à la sagesse,
inclinant ton cœur vers l'intelligence,
oui, si tu fais appel à l'entendement,
si tu réclames l'intelligence,
si tu la recherches comme l'argent,
si tu la creuses comme un chercheur de trésor,
alors tu comprendras la crainte du Seigneur,

13. Madeleine Delbrêl, *La sainteté des gens ordinaires*, dans *Œuvres Complètes*, tome VII, Nouvelle Cité, 2009, p. 166.

tu trouveras la connaissance de Dieu. » (Pr 2, 1-5)

Prière finale

Vierge Marie, à toi a été révélé, plus qu'à tout autre, le dessein de Dieu, « *mystère enveloppé de silence* » (Rm 16, 25). À la naissance de Jésus, le Verbe de Dieu, alors que les anges et les bergers chantent ses louanges, ton cœur à toi silencieusement l'adore. Alors qu'il grandit, tu médites ses paroles et tu retiens ses gestes dans ton cœur. Mémoire silencieuse et aimante de l'Église, conduis-moi vers le Bien-Aimé !

Réjouis-toi, Marie...

Bénédiction

Que le Seigneur nous bénisse, qu'il nous garde de tout mal et nous conduise vers la vie éternelle. Amen.

5^{E} JOUR

Prière du cœur et présence à Dieu

Entrée en présence de Dieu

Signe de croix

Au nom du Père, et du Fils, et du Saint-Esprit. Amen.

Invitation au recueillement

Je m'assieds et croise les mains sur mon cœur en fermant les yeux. Je prends un petit temps pour écouter ma respiration qui se calme, et prononcer doucement le nom de Jésus. Merci, Seigneur, d'être présent dans mon cœur. Je laisse toute distraction volontaire pour t'y rejoindre et me mettre à ton écoute.

Invocation à l'Esprit Saint

« Viens, Esprit Saint, en nos cœurs et envoie du haut du ciel un rayon de ta lumière.
Ô lumière bienheureuse, viens remplir jusqu'à l'intime le cœur de tes fidèles[14]. »

MÉDITATION DU JOUR

Le silence que nous cherchons n'est pas un vide, mais l'attention et la relation à une Présence cachée en nous. Nous pouvons la rejoindre par la prière dite « du cœur ».
Les priants ont compris dès les premiers siècles que les invocations courtes pouvaient conduire le cœur dans cette direction. Cela peut être un verset de psaume qui nous parle, qui exprime notre désir de Dieu : « *Vers toi, Seigneur, j'élève mon âme, vers toi mon Dieu* » (Ps 24 (25), 1-2). Ou un verset retenu de notre temps de *Lectio*, qui sera comme une « corde » pour descendre dans le « puits » profond du cœur.

14. Extrait de la séquence de Pentecôte *Veni Sancte Spiritus*.

Ou bien la « prière de Jésus », que nous répétons doucement : « Seigneur Jésus, Fils du Dieu vivant, prends pitié de moi, pécheur. »
Ou simplement le nom de Jésus, qui est « *comme une huile qui se répand* » (Ct 1, 3) dans le cœur. Il est un baume de salut, il le purifie et y apporte la paix.
La mémoire laisse tout le reste, l'intelligence se centre sur cette invocation du nom du Fils, et la volonté est tournée vers Jésus.
Quand nos pensées s'en vont dans toutes les directions et que le silence intérieur semble impossible, le nom de Jésus, répété avec confiance et humilité, peut calmer cette agitation. Comme il a arrêté autrefois la tempête sur le lac (cf. Mc 4, 35-40), son nom fera taire les vents mauvais qui secouent la barque de notre âme ! Et s'ils la secouent encore en surface, le fond de notre âme sera peu à peu établi dans la paix.
Les distractions pendant cette prière ne doivent pas nous tendre inutilement. Gardons notre

attention fixée sur Jésus, et laissons les autres pensées sans entrer en dialogue avec elles. Revenons paisiblement au nom de Jésus.
« Ne perds pas courage si tu es volé par les distractions, mais tiens bon et rappelle sans cesse ton intellect. Seul l'ange est à l'abri des distractions[15] », dit saint Jean Climaque.
La prière du cœur est possible, même si le silence extérieur fait défaut, pendant certaines activités de la journée, les déplacements, les temps d'attente qui se présentent. La queue à la caisse du supermarché, ou au guichet de la gare, peut devenir un moment privilégié pour revenir à la présence de Dieu. Au lieu de nous énerver extérieurement parce que les choses n'avancent pas aussi vite que nous le voudrions, saisissons ces quelques minutes pour nous tourner vers l'intérieur, et entraînons-nous ! Peu à peu, nous saurons profiter de ces petits temps offerts pour renouer l'intimité avec Dieu.

15. Saint Jean Climaque, *L'Échelle sainte*, 4e degré, n° 101, *op. cit.*, p. 82-83.

Le monde organise parfois « une minute de silence » pour faire mémoire d'un évènement grave. Nous pouvons, nous aussi, mettre en place « une minute de silence pour Dieu », à tel moment de la journée, pour nous reconnecter à lui, la Source de la vie.
D'une minute de silence à une autre, nous apprendrons à revenir avec constance vers cette Présence qui est en nous.

Grâce à demander

Seigneur, augmente ma foi en ta présence en moi, toujours offerte, comme une source d'eau vive ! Aide-moi à ne pas te délaisser en mon cœur, mais à t'y rejoindre chaque fois que cela est possible. Fais-moi comprendre la richesse de la vie intérieure ; apprends-moi à m'attacher à ton nom !

Éclairage d'un grand témoin

« Ne cherche pas à beaucoup parler quand tu pries, de peur que ton esprit ne se distraie à chercher des mots. Un seul mot du publicain apaisa Dieu et un seul cri de foi sauva le larron. La loquacité dans la prière disperse souvent l'esprit et le remplit d'images, alors que la répétition d'une même parole ordinairement le recueille[16]. » (Saint Jean Climaque)

Parole à méditer

« Seigneur, je n'ai pas le cœur fier, ni le regard ambitieux ;
je ne poursuis ni grands desseins, ni merveilles qui me dépassent.
Non, mais je tiens mon âme égale et silencieuse ;
mon âme est en moi comme un enfant,
comme un petit enfant contre sa mère.

16. Saint Jean Climaque, *L'Échelle sainte*, 8e degré, n° 10, *op. cit.*, p. 292.

Attends le Seigneur, Israël,
maintenant et à jamais ! » (Ps 130 (131))

Prière finale

Vierge Marie, avec Joseph ton époux, vous avez tant de fois prononcé avec amour le nom de Jésus.
Merci de me faire aimer ce nom, de le graver en mon cœur pour qu'il y fasse silencieusement sa demeure, qu'il en chasse les pensées mauvaises, qu'il y établisse sa paix, et la communique à ceux qui m'entourent.

Réjouis-toi, Marie...

Bénédiction

Que le Seigneur nous bénisse, qu'il fasse resplendir sur nous son visage et nous accorde la paix. Amen.

6^{E} JOUR

Le silence de l'adoration

Entrée en présence de Dieu

Signe de croix

Au nom du Père, et du Fils, et du Saint-Esprit. Amen.

Invitation au recueillement

En entrant dans mon lieu de prière, je me redis l'invitation de Jésus : « *Venez à moi, vous tous* [...]. *Je suis doux et humble de cœur* » (Mt 11, 28-29) : je m'agenouille lentement ou me prosterne en faisant le signe de la croix. J'accueille avec reconnaissance ce moment de cœur-à-cœur avec toi, Jésus, et demeure un instant en silence.

Invocation à l'Esprit Saint

« Viens, Esprit Saint, et envoie-nous du haut du Ciel un rayon de ta lumière.
Viens, Père des pauvres, viens, Dispensateur des dons, viens, Lumière de nos cœurs[17]. »

Méditation du jour

L'adoration eucharistique, qui se répand de plus en plus aujourd'hui, est une invitation à demeurer silencieusement dans la présence offerte de Jésus. Que voyons-nous ?
L'Hostie est présence humble, sans éclat, du Dieu caché.
Sa lumière attire et pacifie. Son silence appelle le nôtre ; sa présence, notre présence.
Le mot « adoration » vient de *ad os*, « vers la bouche » : c'est un silencieux bouche-à-bouche avec notre Créateur, comme l'a été celui de Dieu avec Adam, quand il lui a insufflé son haleine de vie (cf. Gn 2, 7). Un échange d'amour,

17. Extrait de la séquence de Pentecôte *Veni Sancte Spiritus*.

soutenu par les paroles de l'Écriture ou celles qui viennent spontanément à notre cœur. Un temps donné gratuitement à Jésus, comme le parfum répandu par Marie-Madeleine.

Après avoir salué le Seigneur, en me mettant à genoux ou en me prosternant, je le remercie tout d'abord d'être là, avec nous, « *jusqu'à la fin du monde* » (Mt 28, 20), et de ce moment qu'il m'offre pour être avec lui.

J'appelle l'Esprit Saint pour qu'il conduise ma prière, et me confie au silence de la Vierge.

Comment a-t-elle adoré l'Enfant dans la crèche ? Jésus Hostie est pareillement pauvre, sans apparence.

Comment l'a-t-elle adoré alors qu'il était sur la croix ? Jésus est pareillement devant moi, humble, méconnu, souvent ridiculisé, et souffrant à cause des péchés du monde.

Ce n'est pas le temps de la réflexion ou de la méditation, même si une lecture peut m'aider pour commencer. Il s'agit surtout d'aimer. Rester avec Jésus dans la simplicité, accueillir dans la

foi son regard sur moi, et le regarder en retour. « Il m'avise et je l'avise », disait un paysan au saint Curé d'Ars. Si les distractions m'emportent, je reviens vers lui dès que je m'en rends compte : « Vois, Seigneur, où je suis ! Attire-moi vers toi, comme tu l'as promis ! »
Le silence peut être soutenu par un verset de la parole de Dieu, répété lentement, doucement ; ou par la prière de Jésus, ou par le simple nom du Sauveur, prononcé intérieurement avec respect et paisiblement.
L'adoration est un acte de foi, d'espérance et d'amour ; ce qui peut être exprimé en phrases courtes : « Mon Dieu, je crois en toi, j'espère en toi, je t'aime », « Jésus, j'ai confiance en toi ». Elle peut être un acte de réparation : « Mon Dieu, je crois, j'adore, j'espère et je vous aime, et je vous demande pardon pour ceux qui ne croient pas, n'adorent pas, n'espèrent pas et ne vous aiment pas[18]. »

---

18. Prière enseignée par l'Ange aux enfants de Fatima.

À la parole de Jésus : « *Ceci est mon corps livré pour vous*[19] », je peux répondre : « Moi aussi, je me donne tout entier à toi, je me livre à ton amour. »

Pour finir, je peux dire lentement un Notre Père, et rendre grâce pour ce temps qui m'a été donné.

L'ostensoir qui nous présente l'Hostie consacrée, souvent entouré de rayons, nous fait comprendre que Jésus est le « *Soleil de justice* », qui apporte « *la guérison dans son rayonnement* » (Ml 3, 20).

Le soleil dispense son activité bénéfique à toute la terre, sans bruit. Il réchauffe, fait germer les semences cachées, mûrir les épis en formation, il brûle les herbes desséchées... Ainsi Jésus réchauffe notre cœur par son amour, il fait grandir les germes des vertus cachées en nous, il fait mûrir tout ce qu'il a semé en nous. En nous offrant à son Amour miséricordieux, il nous purifiera peu à peu, il brûlera notre péché... sans bruit.

19. Parole de consécration de la Messe.

Le soleil réjouit les yeux et le cœur, surtout lorsqu'il réapparaît après un long hiver (entendons : un long temps où nous avons souffert de notre cœur froid ou dur) ou après quelques semaines pluvieuses (entendons : un temps prolongé d'épreuves ou de larmes).
Exposons-nous à ses bienfaisants rayons !

Grâce à demander

Seigneur, tu continues d'être avec nous jusqu'à la fin du monde. Que je ne sois pas indifférent ou ingrat vis-à-vis d'un si grand don ! Fais-moi la grâce de venir vers toi, de comprendre que c'est d'abord toi qui m'attends, et de t'offrir généreusement du temps.

Éclairage d'un grand témoin

« Demeurer à tes pieds, Dieu caché,
C'est le délice et le paradis de mon âme.
Ici, Tu me permets de te connaître, Inconcevable,

Et Tu me dis doucement : "Donne-moi ton cœur, donne".
Une conversation silencieuse, avec Toi, seule à seul,
C'est vivre les instants réservés aux habitants célestes
Et dire à Dieu : "Je Te donne mon cœur, Seigneur, je Te le donne",
Et Toi, grand et inconcevable, Tu l'acceptes aimablement[20]. » (Sainte Faustine)

PAROLE À MÉDITER

L'adoration des mages :
« *Voici que l'astre, qu'ils avaient vu à son lever, les précédait jusqu'à ce qu'il vînt s'arrêter au-dessus de l'endroit où était l'enfant. À la vue de l'astre, ils se réjouirent d'une très grande joie. Entrant alors dans le logis, ils virent l'enfant, avec Marie sa mère, et, se prosternant,*

20. Sainte FAUSTINE KOWALSKA, *Petit Journal*, n° 1718, *op. cit.*, p. 564.

ils lui rendirent hommage ; puis, ouvrant leurs cassettes, ils lui offrirent en présents de l'or, de l'encens et de la myrrhe. Après quoi, avertis en songe de ne pas retourner chez Hérode, ils prirent une autre route pour rentrer dans leur pays. » (Mt 2, 9-12)

Prière finale

Seigneur Jésus, merci pour ta présence toujours offerte au Saint-Sacrement. Merci de rayonner silencieusement la paix, la consolation et la lumière, sur ceux qui t'adorent. Merci de poser ton regard bienveillant sur chacun d'eux, et sur moi aussi maintenant. Dans le silence de mon cœur, je me donne à toi en retour.

Notre Père qui es aux cieux...

Bénédiction

Que le Seigneur fasse briller sur nous son visage de paix, et nous accorde sa grâce. Amen.

7E JOUR

La garde des lèvres et du cœur

ENTRÉE EN PRÉSENCE DE DIEU

Signe de croix

Au nom du Père, et du Fils, et du Saint-Esprit. Amen.

Invitation au recueillement

Me voici, Seigneur, pour ce temps à ton écoute. J'ai déposé mon téléphone portable dans une autre pièce pour venir à tes pieds. Je laisse de côté tout souci, toute préoccupation et ce que j'ai à faire tout à l'heure, pour rassembler mon attention, ici et maintenant, autour de ce que tu vas me dire.

Invocation à l'Esprit Saint

« Viens, Esprit Créateur, nous visiter. [...]
Chasse au loin l'ennemi qui nous menace,
hâte-toi de nous donner la paix,
afin que nous marchions sous ta conduite
et que nos vies soient lavées de tout péché[21]. »

Méditation du jour

Si les distractions qui surviennent dans notre silence ne doivent pas nous troubler, elles n'en sont pas moins un révélateur de ce qui nous habite. Ce qui m'occupe, ce qui m'inquiète, ce dont je ne suis pas détaché remonte à la surface. Mes « idoles » cachées, tapies habituellement derrière mon activité et mes paroles, occupent ce champ libre de ma pensée, qui se présente à elles.

« *Où est ton trésor, là aussi sera ton cœur* », nous dit Jésus (Mt 6, 21). Si mon cœur s'en va régulièrement dans une direction qui n'est pas

21. Extrait de l'hymne *Veni Creator Spiritus*.

évangélique, je peux m'interroger sur ce qui est vraiment un « *trésor* » pour lui ! C'est ainsi que le silence nous fait aussi entrer progressivement dans une connaissance plus vraie de nous-mêmes.

Il nous amène à revisiter notre comportement et nos priorités.

Si je me laisse aller à parler sans retenue dans la journée, le silence sera probablement difficile pour moi lorsque je souhaite y entrer.

Un petit examen du soir, qui revisite les conversations du jour, pourra m'éclairer : mes paroles ont-elles été guidées par la charité ? Certaines ont-elles été inutiles, voire médisantes ou calomnieuses ? Jésus nous en a avertis : « *De toute parole sans fondement que les hommes auront proférée, ils rendront compte au Jour du Jugement* » (Mt 12, 36).

Je me souviens des avertissements de saint Jacques, au sujet des méfaits de la langue :

« *Voyez quel petit feu embrase une immense forêt : la langue aussi est un feu. C'est le*

monde du mal, cette langue placée parmi nos membres : elle souille tout le corps. Personne ne peut la dompter : c'est un fléau sans repos. Elle est pleine d'un venin mortel. Par elle nous bénissons le Seigneur et Père, et par elle nous maudissons les hommes faits à l'image de Dieu » (Jc 3, 2-12). Saint Jacques souligne cependant la difficulté de cette maîtrise de la langue : celui qui y parvient est capable de refréner son corps tout entier.
Méditons de temps en temps ces paroles, qui nous sont dites pour notre bien !
Invités à veiller sur notre langue, nous le sommes aussi à veiller sur nos yeux. Si je me laisse aller à regarder volontairement des images qui souillent le cœur, elles vont ressurgir dans le silence. Dans notre culture où les publicités foisonnent, nous avons une vigilance accrue à exercer dans ce domaine : que laissons-nous entrer volontairement dans notre cœur par le biais de nos sens, de notre regard en particulier ? Nous avons la possibilité d'en fermer la

porte à ce qui va le polluer. Il est le jardin où Dieu aime à venir s'entretenir avec nous dans le secret : ne laissons pas les ronces et les broussailles l'envahir.

« Ferme la porte de ta cellule à ton corps, la porte de ta langue aux discours, et la porte du dedans aux esprits mauvais[22] », conseille Jean Climaque. Si nous ne sommes pas dans une cellule monastique, accueillons ses deux derniers conseils...

Grâce à demander

Seigneur, en entrant dans le silence, fais-moi la grâce d'être vrai. Que je reconnaisse humblement ce qui m'habite et que je préfère à ta présence ! Apprends-moi à mettre une garde à mes lèvres et à mes yeux, dans une conversion toujours renouvelée.

---

22. Saint Jean Climaque, *L'Échelle sainte*, 27e degré, n° 19, *op. cit.*, p. 275-276.

Éclairage d'un grand témoin

« Vraiment le Saint-Esprit ne s'adresse pas à l'âme dissipée et bavarde, mais Il parle par de silencieuses inspirations à l'âme concentrée, à l'âme silencieuse. Si le silence était strictement observé, il n'y aurait pas de murmures, d'amertumes, de médisances et de potins, l'amour du prochain ne serait pas terni, en un mot, beaucoup de fautes cesseraient d'exister. La bouche qui se tait est de l'or pur et témoigne de la sainteté intérieure[23]. » (Sainte Faustine)

Parole à méditer

« Abondance de paroles ne va pas sans offense ; qui retient ses lèvres est avisé. » (Pr 10, 19)

« Celui qui hait le bavardage échappe au mal. As-tu entendu quelque chose ? Sois un tombeau. Courage ! Tu n'en éclateras pas ! » (Si 19, 6.10)

23. Sainte Faustine Kowalska, *Petit Journal*, n° 552, *op. cit.*, p. 223-224.

« Le sage sait se taire jusqu'au bon moment, mais le bavard et l'insensé manquent l'occasion. » (Si 20, 7)
« Plus que sur toute chose, veille sur ton cœur, car c'est de lui que jaillissent les sources de la vie. » (Pr 4, 23)

Prière finale

Vierge Marie, en ta bouche, aucune parole vaine : chacun de tes mots rapportés par l'Évangile est précieux pour tes enfants, et sera médité par l'Église, jusqu'à la fin des temps.
Merci de garder ma bouche des paroles inutiles ou mauvaises, et mon cœur de tout ce qui pourrait déplaire au regard de Jésus.

Réjouis-toi, Marie...

Bénédiction

Que le Seigneur nous bénisse, qu'il nous garde de tout mal et nous conduise à la vie éternelle. Amen.

8^{E} JOUR

Silence et douceur à l'école de Jésus

Entrée en présence de Dieu

Signe de croix

Au nom du Père, et du Fils, et du Saint-Esprit. Amen.

Invitation au recueillement

Seigneur Jésus, aujourd'hui je viens me mettre à l'école de tes silences. Je veux me laisser étonner et émerveiller par cette disposition de ton cœur. Je regarde une icône ou une image de toi qui me parle. Tu es là, et tu me fais la grâce de venir vers toi. Merci !

Invocation à l'Esprit Saint

« Viens, Esprit Créateur, nous visiter. [...]
Fais-nous voir le visage du Très-Haut,

et révèle-nous celui du Fils,
et toi, l'Esprit commun qui les rassemble,
viens en nos cœurs, qu'à jamais nous croyons en Toi[24]. »

Méditation du jour

La meilleure école du silence et de la douceur est certainement la vie de Jésus.
S'il est une parole précieuse entre toutes, c'est bien celle de Jésus pendant sa vie sur terre parmi nous. Et il en est conscient : « *Mes paroles sont esprit et elles sont vie* », dit-il (Jn 6, 63) ; « *Le ciel et la terre passeront, mes paroles ne passeront pas* » (Mc 13, 31).
Et cependant, le silence est très présent dans cette vie, lié à l'humilité et à la douceur de sa personne. Contemplons celui de sa vie cachée à Nazareth, ensuite celui des quarante jours de désert, où il résiste victorieusement aux tentations de Satan, celui de ses nuits de prière à

24. Extrait du *Veni Creator Spiritus*.

l'écart, entre l'annonce de la Bonne Nouvelle et les guérisons.
Une scène où ce silence est particulièrement éloquent est celle où l'on amène à Jésus une femme surprise en flagrant délit d'adultère (cf. Jn 8, 1-11). On place cette femme en face de Jésus, et Jésus en face de la Loi qui prescrit de lapider *« ces femmes-là »* : *« Toi donc, que dis-tu ? »*
Silence des lèvres de Jésus qui, se baissant, écrit d'abord avec son doigt sur le sol.
Il fera attendre longuement sa réponse à la question des accusateurs de la femme, stoppant ainsi la violence meurtrière qui est en eux, avant de dire : « *Que celui d'entre vous qui est sans péché lui jette le premier une pierre !* » Force de cette parole inattendue, précédée d'un temps de silence ! Puis Jésus se baisse à nouveau, laissant chacun face à sa propre conscience, avant de se retirer.
Silence des yeux... Jésus en se baissant ne porte pas le regard sur cette femme déjà extrêmement humiliée. Il y a des regards qui scrutent,

qui s'attardent sur le péché d'autrui, qui sont l'équivalent d'une parole d'accusation. Tel n'est pas le regard du Sauveur.

Les accusateurs s'étant retirés, il se relèvera, regardera la femme et l'interrogera, lui rendant peu à peu la parole. La Miséricorde ouvrira à la misère de cette femme une voie nouvelle en lui disant : « *Moi non plus, je ne te condamne pas. Va, désormais ne pèche plus.* »

Silence également de la femme, confondue certainement par ce qu'elle vient de vivre avec Jésus !

Après avoir lu ce récit, je peux m'interroger sur ma réaction lorsque le péché d'autrui vient manifestement à la lumière. Est-ce que j'en parle ? J'en rajoute ? Est-ce que j'éprouve un secret plaisir à regarder le faux pas de mon frère et à le répandre autour de moi ?

Qu'en silence, moi aussi, je me mette sous ton regard, Seigneur. Là, je comprendrai quelle est ta miséricorde, tout ce que tu m'as pardonné, et comment je dois me comporter en retour.

Silence et douceur éclatent surtout dans la Passion de Jésus : très peu de paroles, à la surprise de Pilate et d'Hérode, un consentement silencieux à ce qui est accomplissement des Écritures. Il est bien le Serviteur du Seigneur, dépeint par Isaïe « *comme l'agneau qui se laisse mener à l'abattoir, comme une brebis muette devant les tondeurs, il n'ouvre pas la bouche* » (Is 53, 7).
Silence de la nuit de la Résurrection, ce qu'exprime si bien le tombeau laissé vide.
La Résurrection n'a pas été vue ni entendue des hommes. Jésus ressuscité n'apparaîtra pas en triomphateur à Pilate et Hérode, mais à ceux qui l'ont aimé et qui ont cru.
Et maintenant encore, son règne s'étend, souvent silencieusement, dans les cœurs qui lui appartiennent.

Grâce à demander

Jésus, doux et humble de cœur, tes pensées ne sont pas nos pensées, et tes voies ne sont pas nos voies.

Donne-moi de saisir la beauté et la force de ton silence, toi, le Verbe de Dieu. Qu'à ton école, dans le cœur-à-cœur silencieux de la prière, je me laisse instruire par ta sagesse, et apprenne à te ressembler.

Éclairage d'un grand témoin

« Jésus charmait les âmes faibles par ses divines paroles, Il essayait de les rendre fortes pour le jour de l'épreuve… Mais combien fut petit le nombre des amis de Notre Seigneur quand Il se taisait devant ses juges ! Oh ! Quelle mélodie pour mon cœur que ce silence de Jésus[25] ! » (Sainte Thérèse de Lisieux)

Parole à méditer

« Les grands prêtres multipliaient contre Jésus les accusations. Et Pilate de l'interroger de

25. Sainte Thérèse de Lisieux, *Œuvres complètes*, Lettre 145, du 2 août 1893, Cerf-DDB, 1992, p. 469.

nouveau : "Tu ne réponds rien ? Vois tout ce dont ils t'accusent !" Mais Jésus ne lui répondit plus rien, si bien que Pilate était étonné. » (Mc 15, 3-5)

« Hérode, en voyant Jésus, fut tout joyeux ; car depuis assez longtemps il désirait le voir, pour ce qu'il entendait dire de lui ; et il espérait lui voir faire quelque miracle. Il l'interrogea donc avec force paroles, mais il ne lui répondit rien. » (Lc 23, 8-9)

Prière finale

Vierge Marie, alors que ton Fils est méprisé, bafoué, crucifié, ton cœur saigne et tes lèvres gardent le silence, tout comme les siennes. Quelle profondeur d'amour et d'offrande s'élève alors, sans paroles, de vos cœurs ! Que l'amour du silence me conduise, avec toi, au silence de l'Amour.

Réjouis-toi, Marie...

Bénédiction

Que le Seigneur nous bénisse, qu'il nous garde de tout mal et nous conduise à la vie éternelle. Amen.

9E JOUR

Silences de Marie et Joseph

Entrée en présence de Dieu

Signe de croix

Au nom du Père, et du Fils, et du Saint-Esprit. Amen.

Invitation au recueillement

Pour continuer à apprivoiser le silence, je me rends par le cœur à Nazareth, au temps de la vie cachée de Jésus.
Je contemple l'attention mutuelle de Jésus et de ses parents, qui n'a pas besoin de beaucoup de paroles, leur présence aimante au Père des cieux. Je me laisse gagner par la paix qui règne dans ce foyer. Je reste en silence quelques instants.

Invocation à l'Esprit Saint

Esprit Saint, toi qui as conduit tous les saints et les as comblés de tes dons, viens me visiter, viens éclairer mon cœur et mon intelligence.

Méditation du jour

De ces trente années où le Verbe lui-même était présent au milieu de nous, si peu de paroles nous ont été rapportées ! Le silence de Jésus a comme suscité, aimanté, celui de ses plus proches, Marie et Joseph.

Les Évangiles nous ont rapporté seulement quelques paroles de Marie. Ils ont souligné son attitude d'attention aux évènements de la vie de Jésus :

« *Quant à Marie, elle conservait avec soin toutes ces choses, les méditant dans son cœur.* » (Lc 2, 19)

« *Et sa mère gardait fidèlement toutes ces choses en son cœur.* » (Lc 2, 51)

Silence devant la grandeur de cet évènement unique du Dieu incarné.

Silence d'adoration et d'émerveillement lors de la naissance de l'Enfant.
Silence de l'amour qui retient chaque parole et geste de l'Aimé.
En dehors de son intervention discrète à Cana, aucune autre de ses paroles ne nous est rapportée lors de la vie publique de Jésus, ou alors que l'opposition contre lui va grandissant. Au pied de la croix, elle est là, debout, silencieuse, fortifiée par la grâce, elle qui fortifiera tant de croyants souffrants par son exemple. Elle adhère sans une plainte au dessein rédempteur de Dieu. Nulle mention d'elle lors de la Résurrection. Dans l'attente du feu de la Pentecôte, Marie est une présence assidue de prière avec les Apôtres, puis elle disparaît pratiquement du Nouveau Testament.
Silence et mémoire de Marie, trésors de l'Église !
Que dire du silence de saint Joseph ? Après Marie, qui a été plus proche de l'Incarnation de Jésus, de sa croissance « *en taille, en sagesse et en grâce* » (Lc 2, 52) ? Joseph a entendu

ses premières paroles, il a vu et guidé ses premiers pas, il lui a appris le métier d'homme et d'artisan. Or, pas une parole ne nous est rapportée de cet homme, choisi entre tous pour cette extraordinaire mission.

Lorsqu'il apprend que Marie est enceinte, « *Joseph, son mari, qui était un homme juste et ne voulait pas la dénoncer publiquement, résolut de la répudier sans bruit* » (Mt 1, 19). Quel respect douloureux autour de sa bien-aimée ! C'est alors que l'Ange du Seigneur lui apparaît en songe, le rassure et le conforte comme époux de Marie. Joseph ne questionne ni ne discute avec l'Ange. « *Une fois réveillé, il fit comme l'Ange lui avait prescrit* » (Mt 1, 24). À plusieurs reprises, l'Ange lui apparaîtra en songe, lui demandant de fuir en Égypte, puis d'en revenir : « *Lève-toi, prends l'Enfant et sa Mère...* » (Mt 2, 13.20), et Joseph se lèvera et agira, dans une obéissance immédiate et silencieuse.

Lorsque les bergers, puis les mages viendront auprès de l'Enfant à Bethléem, la présence

de Joseph – qui va de soi – n'est même pas mentionnée.
Silence d'humilité et d'émerveillement devant le mystère.
Silence plein de bienveillance et de sollicitude pendant la vie cachée à Nazareth.
Silence enveloppant l'activité de Joseph, au service de Jésus et Marie.
Les chrétiens l'ont bien compris, qui le prient dans leurs nécessités spirituelles et matérielles. Ils ont admiré ce silence et s'en sont instruits.
Ainsi, Marie de la Trinité écrit :
« Le silence de saint Joseph n'est pas d'impuissance ou d'ignorance. Il est au contraire de toute puissance, de force victorieuse et de toute science, de profonde pénétration en pleine réalité du mystère : c'est un silence qui résulte d'une surabondance d'intelligence et de sagesse[26]. »
Et Jésus l'encourageait à l'imiter :

---

26. Marie de la Trinité, *Le silence de Joseph*, Éd. Arfuyen, 2007, p. 49.

« Regarde le silence de mon père (saint Joseph), et regarde sa fidélité – et rends ton silence semblable à son silence, et ta fidélité semblable à sa fidélité[27]. »

Grâce à demander

Seigneur Jésus, fais-moi la grâce d'apprendre de tes saints parents le silence respectueux devant ton mystère.
Vierge Marie, apprends-moi à écouter, et à méditer dans mon cœur ce que je lis dans l'Évangile.
Saint Joseph, qu'à l'ombre de ton silence, je vive sans cesse en présence de Jésus et de Marie.

Éclairage d'un grand témoin

« Que renaisse en nous l'estime du silence, cette admirable et indispensable condition de l'esprit, en nous qui sommes assaillis par tant

27. *Ibid.*, p. 50.

de clameurs, de fracas et de cris dans notre vie moderne, bruyante et hypersensibilisée. Ô silence de Nazareth, enseigne-nous le recueillement, l'intériorité, la disposition à écouter les bonnes inspirations et les paroles des vrais maîtres ; enseigne-nous le besoin et la valeur des préparations, de l'étude, de la méditation, de la vie personnelle et intérieure, de la prière que Dieu seul voit dans le secret[28]. » (Saint Paul VI)

Parole à méditer

« *Or, telle fut la genèse de Jésus Christ. Marie, sa mère, était fiancée à Joseph ; or, avant qu'ils n'eussent mené vie commune, elle se trouva enceinte par le fait de l'Esprit Saint. Joseph, son mari, qui était un homme juste et ne voulait pas la dénoncer publiquement, résolut de*

28. Saint Paul VI, Homélie du 5 janvier 1964, à Nazareth, *La Liturgie des Heures*, Paris, 1980, tome I, p. 251-252, Office des Lectures, Dimanche de la Sainte Famille.

la répudier sans bruit. Alors qu'il avait formé ce dessein, voici que l'Ange du Seigneur lui apparut en songe et lui dit : "Joseph, fils de David, ne crains pas de prendre chez toi Marie, ta femme". » (Mt 1, 18-20)

Prière finale

Vierge Marie, tandis que tu fuyais vers l'Égypte avec l'Enfant, tu voyais Joseph, ton silencieux époux, marcher devant vous et vous ouvrir le chemin. Prie-le de marcher aussi silencieusement avec nous à travers les difficultés de la vie. Merci, Seigneur, pour la présence fidèle de saint Joseph aux côtés de ceux qui prient. Merci pour le gardien du silence que tu nous as donné à travers lui.

Notre Père qui es aux cieux...

Bénédiction

Que par l'intercession de la Vierge Marie et de saint Joseph, le Seigneur nous bénisse et nous garde dans sa paix. Amen.

Table des matières

BIBLIOGRAPHIE

– Cardinal Robert SARAH, *La force du silence*, Fayard, 2016.
– P. Daniel-Ange, *Les Feux du Désert*, tome 2, *Silences*, Rémy Magermans, Andenne, 1973.
– Madeleine DELBRÊL, *La sainteté des gens ordinaires*, dans *Œuvres Complètes*, tome VII, Nouvelle Cité, 2009.
– Madeleine DELBRÊL, *Notre vie*, dans *Œuvres Complètes*, tome XV, Nouvelle Cité, 2017.

OUVRAGE DU MÊME AUTEUR

– Marie-Pia ZURBACH, *Parole de Dieu Parole de vie, Une ermite partage son trésor*, EdB, 2023.

TITRES PARUS

Dans la collection « 9 jours pour » :

– Jacques Philippe, *Retrouver la joie de prier*, 2017.
– Raniero Cantalamessa, *Devenir ami de l'Esprit Saint*, 2017.
– Florian Racine, *Expérimenter la puissance de l'adoration*, 2018.
– Jacques Philippe, *Accueillir la paix*, 2018.
– Michel Martin-Prével, *Faire grandir l'amour dans le couple*, 2018.
– Jacques Philippe, *Fortifier sa foi*, 2019.
– Bernard Dubois, *Apprendre à se recueillir*, 2019.
– Tanguy-Marie Pouliquen, *Prendre la bonne décision*, 2020.
– Olivier Belleil, *Accueillir les dons de l'Esprit Saint*, 2021.
– Sr Marie de la Visitation, *Évangéliser son perfectionnisme*, 2022.
– Joël Pralong, *Évangéliser sa culpabilité*, 2023.
– Joël Pralong, *Chasser la peur de la fin du monde*, 2023.
– Marie-Pia Zurbach, *Goûter le silence*, 2024.

Dans la collection « 9 jours avec » :

– Pape François, *Saint Joseph, Grandir dans l'abandon à la Providence*, 2021.
– Nicolas Bossu, *Le Sacré-Cœur, Saisis par l'amour du Christ*, 2022.
– Bernard Dubois, *Thérèse de Lisieux, Approfondir la petite voie*, 2023.
– Sr Caterina-Angela, *Bernadette de Lourdes, Vivre du Ciel*, 2024.
– Valérie Thérade, *Marie-Madeleine, Recevoir l'amour sans limite*, 2024.
– Joël Maissonni, *Séraphim de Sarov, Refléter la lumière du Christ*, 2024.

– Benjamin Boisson, *Saint Augustin, Contempler la face de Dieu*, 2024.

– Hélène Dumont, *Sainte Faustine, Transformés par la Miséricorde*, 2024.

– Odile Haumonté, *Le pape Benoît XVI, Chercher la vérité*, 2024.

– Patrick-Marie Févotte, *Élisabeth de la Trinité, S'enraciner dans le Christ*, 2024.

Composition et mise en page
continental médias
Vendôme

Achevé d'imprimer en France en décembre 2024 chez
Présence graphique - Monts. N° imprimeur 122480213
Dépôt légal janvier 2025

IMPRIM'VERT®